AF315450

Un testateur peut-il conférer à un exécuteur testamentaire le pouvoir de réaliser les valeurs mobilières et immobilières de la succession, sans le concours des légataires soit universels, soit à titre universel, institués par le même testament, et cela, alors même que parmi ces légataires il existe des incapables, à raison soit de la minorité, soit de l'interdiction ou toute autre cause affectant un ou plusieurs d'entre eux; spécialement l'exécuteur testamentaire peut-il, en vertu d'une disposition du testateur, vendre SEUL les immeubles, en toucher le prix et en faire le partage entre les légataires institués, et cela soit avant, soit après l'envoi en possession des légataires universels, ou la délivrance consentie ou prononcée au profit des légataires à titre universel.

§

Les questions que nous venons de poser se présentent quelquefois dans la pratique. Il est essentiel de les examiner avec le secours, tout à la fois, des principes généraux du droit, de la doctrine, et de la jurisprudence.

Il importe avant tout de se rendre compte d'une façon très nette du caractère de l'exécution testamentaire, et des droits que le testateur peut puiser dans la loi.

Le Code civil qui a réglé tout ce qui se rattache aux exécuteurs testamentaires dans les articles 1025 à 1034 n'en a point donné la définition ; mais il est facile de la suppléer.

L'exécuteur testamentaire, comme l'indique son nom, a pour mission d'assurer l'exécution des dernières volontés du défunt.

L'exécution testamentaire est un mandat, mais un mandat *post mortem*. En l'instituant, la loi a fait une dérogation expresse à l'article 2003 du Code civil, aux termes duquel le mandat finit par la mort du mandant. Ici, au contraire, le mandat commence à la mort du mandant.

La loi a disposé ainsi, aussi bien pour satisfaire le testateur, que pour sauvegarder les droits des légataires, spécialement en empêchant le dépérissement ou le détournement des valeurs mobilières.

C'est dans ce but de sauvegarde et de protection, que la loi impose à l'exécuteur testamentaire l'obligation de faire apposer les scellés s'il y a des héritiers mineurs, interdits ou absents (art. 1031), et d'autre part qu'elle autorise le testateur à lui donner la saisine du tout ou de partie de son mobilier (art. 1026).

Un mot pour expliquer le sens du mot *saisine*, appliqué à l'exécuteur testamentaire.

Les auteurs et la jurisprudence sont d'accord pour reconnaître que cette sorte de saisine n'a rien de semblable à celle de l'héritier (ou légataire universel par testament authentique), saisi par le décès (art. 724), non plus qu'à celle d'un légataire, laquelle ne peut résulter que de l'envoi en possession ou de la délivrance.

L'héritier et le légataire sont saisis en ce sens qu'ils deviennent, de plein droit ou après envoi en possession ou délivrance, les propriétaires des valeurs successorales ou léguées. Tout au contraire, la saisine de l'exécuteur testamentaire n'est qu'une simple *détention*,

elle n'enlève juridiquement à l'héritier, ni la propriété, ni la possession civile des biens; elle coexiste donc avec celle de l'héritier ou
du légataire. En d'autres termes, l'exécuteur testamentaire est un
simple dépositaire ou séquestre chargé d'administrer, c'est ce que
Dumoulin exprimait en disant : *executor nonest verus possessor et nisi
ut procurator tantum*.

Quels sont les pouvoirs autorisés par le Code civil en faveur des
exécuteurs testamentaires?

L'article 1031 les détermine :

« Ils feront faire (dit cet article) en présence de l'héritier pré-
« somptif ou lui dûment appelé l'inventaire des biens de la succes-
« sion, ils provoqueront la vente du mobilier à défaut de deniers
« suffisants pour acquitter les legs, ils veilleront à ce que le testa-
« ment soit exécuté, et ils pourront en cas de contestations sur son
« exécution, intervenir pour en soutenir la validité, ils devront à
« l'expiration de l'année du décès du testateur, rendre compte de
« leur gestion ».

On remarquera que l'exécuteur testamentaire, même pour le
mobilier, ne peut qu'en *provoquer* la vente, c'est-à-dire, qu'il doit
faire cette vente du consentement de l'héritier et avec son concours,
et, si l'héritier n'y consent pas, il doit l'assigner pour la faire ordonner par le juge. « *Potest apprehendere non vendere sine hærede* ». C'est
qu'en effet l'exécuteur testamentaire même avec saisine n'a point la
vraie possession. c'est ce que rappelle Pothier après Dumoulin en
disant (Traité des donations testamentaires, n° 212) : « l'exécuteur
« testamentaire n'est en possession qu'au nom de l'héritier, c'est
« l'héritier qui est le vrai possesseur de toute la succession suivant
« la règle : le mort saisit le vif. »

Quelle est l'étendue, et quelle est la durée de cette saisine ?

La loi est formelle, « elle ne pourra durer, dit l'article 1026, au
delà de l'an et jour à compter du décès ». — Voilà pour la durée.

— 4 —

Quant à l'étendue, le Code civil n'est pas moins net, « le testateur dit l'article 1026, pourra lui donner la saisine du tout ou seulement de partie de son *mobilier*. » Nulle part, dans aucun des articles qui règlent l'exécution testamentaire, il n'est question de la saisine des *immeubles*.

Ce silence de la loi est d'autant plus significatif que le projet primitif du Code avait compris les immeubles comme les meubles dans la saisine. Cette disposition projetée, mais non adoptée, était empruntée à l'article 290 de la coutume d'Orléans qui était ainsi conçu :

« Les exécuteurs sont saisis des biens meubles et *Lérit ges* du « testateur jusqu'à la valeur et accomplissement du testament. »

Mais même avec cette saisine, Pothier n'hésitait pas à dire (n° 219): « A l'égard des héritages, quoique la coutume d'Orléans saisisse « même des héritages l'exécuteur testamentaire, il ne peut ni les « vendre ni faire condamner l'héritier à en souffrir la vente; la « saisine que la coutume lui en accorde n'étant qu'à l'effet d'en « toucher les revenus pendant le cours de son exécution. »

Les rédacteurs du Code ont abandonné la coutume d'Orléans pour s'en tenir à celle de Paris qui, d'accord en cela avec la plupart des autres coutumes, limitait aux meubles la saisine de l'exécuteur testamentaire (art. 297 de la coutume de Paris), et sans entrer dans d'autres détails, nous nous bornerons à citer le passage suivant du rapport présenté au Tribunat par M. Jaubert, le 29 avril 1803 : il s'agissait du projet définitif, tel que le Code civil l'a consacré. Il s'exprimait ainsi : (Fenet, t. XII, p. 610.)

« Le projet règle tout ce qui est relatif aux exécuteurs testamen- « taires dans le cas où un testateur voudrait user du droit d'en « nommer; car c'est une chose de faculté. — *La saisine qui ne peut* « *porter que sur le mobilier* ne sera jamais de droit. Le testateur ne « pourra l'étendre au delà d'une année. Apposition de scellés, in-

« ventaire, vente *du mobilier* pour acquitter les legs, responsabilité,
« reddition de compte, tout est prévu. »

Il résulte donc bien explicitement du texte précis de la loi et de
son exposé des motifs, que la saisine ne peut frapper que les meubles,
et encore a-t-on vu dans quelles limites : l'exécuteur testamentaire
ne pouvant prolonger sa saisine au delà d'une année, et ne
pouvant que *provoquer* la vente du mobilier au regard de l'héritier,
seul saisi.

Un testateur pourrait-il donc, sans violer la loi, accorder à
son exécuteur testamentaire, des pouvoirs d'une durée plus longue
ou plus étendue que ceux que la loi a déterminés.

Pothier avait déjà résolu la question avec sa fermeté habituelle
lorsqu'il disait sous le paragraphe 217 du traité des donations testamentaires :

« Le testateur peut bien restreindre la saisine que les coutumes
« accordent à l'exécuteur testamentaire, mais peut-il l'étendre ?
« Par exemple, dans la coutume de Paris, le testateur peut-il
« ordonner que l'exécuteur sera saisi, non seulement de ses
« meubles mais même de ses héritages ? je ne le pense pas !

« Car c'est par la vertu de la loi que l'exécuteur a cette saisine
« des biens du testateur : comme c'est en faveur du testateur que la
« loi l'accorde, le testateur peut bien déroger à un droit qui n'est
« établi qu'en sa faveur, *mais il ne peut l'étendre, car il ne peut, par
« sa seule volonté, saisir de ses biens, après sa mort, son exécuteur ;*
« n'y ayant que la loi qui puisse accorder à l'exécuteur cette
« saisine, le testateur ne peut accorder au delà de ce que la loi
« accorde. »

« C'est l'avis de Ricard (donation, 2° partie, chapitre 2,
« glose 3), qui est mal à propos rejeté par Lemaître. »

C'est par la même raison, c'est-à-dire parce que l'exécuteur

testamentaire tient ses pouvoirs d'une fiction légale et de la loi
elle-même beaucoup plus que du testateur, que Pothier estimait
déjà avant le Code civil que l'exécuteur testamentaire ne peut être
dispensé de faire inventaire. « Ricard, dit-il, sous le n° 227, pense
« qu'il peut en être dispensé par la raison que, qui peut le plus
« peut le moins (*qui potest plus potest minus*), d'où il conclut que le
« testateur qui pouvait léguer à son exécuteur tous ses meubles,
« peut à plus forte raison le décharger d'en faire inventaire ; cette
« décharge de faire inventaire étant un bien moindre avantage que
« le legs qui en serait fait à l'exécuteur. »

Nous verrons plus loin que la raison « qui peut le plus peut le
« moins », a été singulièrement accommodée à la question qui nous
occupe ; mais Pothier répondait avec justesse :

« Je crois préférable le sentiment de Bocquet, Tronçon et
« autres, qui pensent que l'exécuteur ne peut être dispensé de faire
« inventaire. La raison est que *l'exécuteur tenant de la loi la saisine*
« *des biens de la succession, plutôt que du testateur, qui ne peut par sa*
« *seule volonté la lui donner après sa mort, il ne peut l'avoir que sous les*
« *conditions sous lesquelles la loi la lui accorde.* »

Et M. Bugnet corroborant l'opinion de Pothier, ajoute :

« Quoique l'exécuteur testamentaire tienne la saisine par la
« volonté du testateur, nous pensons cependant qu'il ne peut être
« dispensé de faire inventaire, et la raison de Ricard est peu con-
« cluante. Il ne s'agit pas de ce que pouvait faire le testateur,
« mais de ce qu'il a fait réellement : or, il n'a pas disposé au profit
« de l'exécuteur testamentaire. »

Cette observation si pleine de bon sens devrait clore la discussion, et, si l'on veut admettre un moment qu'un doute pouvait exister
du temps de Pothier et avant que le Code civil ne se fut prononcé
avec la netteté que nous savons, il n'en saurait être de même aujour-
d'hui.

Laurent a résumé en termes précis la discussion de la façon suivante (t. 14, n° 332) :

« Nous croyons que le testateur ne peut pas donner à l'exécu-
« teur testamentaire d'autres pouvoirs que ceux que la loi elle-
« même lui confère. Ce principe résulte de la nature même de
« l'exécution testamentaire. Elle impose des restrictions au droit
« des héritiers, le défunt prolonge son empire au delà de la tombe
« et apporte des entraves à l'exercice du droit de propriété, à un
« moment où il a cessé de vivre. C'est une situation *exceptionnelle*,
« une dérogation aux principes fondamentaux qui régissent la pro-
« priété. — *Tout cela est anormal, exceptionnel* au plus haut degré,
« et par conséquent *de la plus stricte interprétation* ».

— Tels sont, croyons-nous les véritables principes, et nous y reviendrons plus loin dans la discussion ; mais nous n'avons pas à méconnaître que des auteurs, et non des moins considérables, ont exprimé une opinion contraire, et qu'ils ont été suivis en partie par la jurisprudence.

Les règles que nous avons exposées ci-dessus avec l'autorité de Pothier et des rédacteurs du Code civil sont si nettes et paraissent si concluantes qu'on se demande par quelles raisons contraires elles ont pu être combattues.

Ces raisons se ramènent en réalité à deux : la première consiste à dire que le mandat donné à l'exécuteur testamentaire de vendre les immeubles n'a rien de contraire à la loi ni à l'ordre public, et qu'il n'est pas d'ailleurs incompatible avec le défaut de saisine des immeubles.

La seconde consiste à dire que les immeubles n'appartiennent pas aux légataires majeurs ou mineurs « ou s'ils leur appartiennent « ce n'est que sous la condition, inséparable du testament qui les « leur attribue, qu'ils ne leur adviendront qu'après leur conversion

« en deniers ». (Demolombe, donations et testaments, t. 5, n° 93), en d'autres termes, c'est la *mobilisation* des immeubles faite par testament :

Examinons chacune de ces raisons :

On conviendra aisément que la première n'est pas autre chose qu'une pétition de principes. Dire que la disposition que nous combattons n'a rien de contraire à la loi, c'est trancher par une simple affirmation ce qui est précisément en question. Si l'on veut raisonner, et ne pas se contenter d'affirmer, il faudra toujours en revenir à la question de savoir quelle est la nature de l'exécution testamentaire, et si le testateur peut étendre à son gré les conditions ou les attributions telles que la loi les a déterminées.

Troplong qui est avec Demolombe le principal champion de la doctrine que nous combattons, motive son opinion de la façon suivante : (N° 2026 Donations et Testaments, t. 4).

« L'exécuteur testamentaire pourrait lui-même faire vendre
« les immeubles, s'il en avait été chargé par le testateur et ce
« mandat spécial en dehors de la mission ordinaire qui lui est re-
« connue par l'article 1031, de faire vendre le mobilier, ne dépas-
« serait pas les pouvoirs du testateur ». Voilà encore une affirmation sans preuve ; on se contente d'affirmer ce qu'il faudrait démontrer.

Il ajoute :

« Nous avons dit en effet (n° 1992), que la mort du mandant ne
« met point fin au mandat, lorsque le mandat est donné pour être
« exécuté après la mort du mandant ; or, c'est d'un mandat de cette
« nature qu'il s'agit alors. »

D'accord, mais niera-t-on que c'est là un mandat d'une nature exceptionnelle, contraire à l'idée que ce mot-là réveille ? Niera-t-on dès lors que si la loi a, par une fiction dont elle était maîtresse, autorisé la survivance du mandat après le décès du mandant, cette disposition exceptionnelle, anormale, exorbitante, doit du moins être restreinte aux limites que la loi elle-même a déterminées ? Et dès lors, comment comprendre que l'éminent auteur que nous venons de citer ait pu poursuivre, nous ne dirons pas sa démonstration, mais ses affirmations de la façon suivante :

« La mission de l'exécuteur testamentaire peut être aussi « variée que la volonté des testateurs......., rien n'empêche le « testateur d'élargir ce mandat légal; nous avons vu qu'il peut « donner à son exécuteur testamentaire la saisine des meubles: de « plus il est constant en principe, qu'il peut le charger de faire « recette et emploi de sommes dues : *on ne voit pas pourquoi* il ne « pourrait pas lui donner le mandat de faire vendre tels ou tels « biens meubles, et même immeubles, de la succession pour payer « les dettes. Un tel mandat n'a rien de contraire à l'ordre public et « pourvu qu'il ne porte pas atteinte aux réserves établies par la « loi, il doit être respecté. »

M. Troplong a semblé, aussitôt après avoir produit ces affirmations, vouloir reculer devant les conséquences, il invoque à l'appui de sa thèse un arrêt de la Cour de Bruxelles du 2 août 1809 ; mais il ajoute aussitôt :

« Bien entendu, du reste, que cette vente doit être faite de ma- « nière à ne pas porter préjudice aux héritiers et c'est aussi ce que « décide ce même arrêt qui, tout en respectant le mandat de vendre, « oblige l'exécuteur testamentaire à le remplir avec les précautions « de publicité et de concurrence propres à procurer le plus haut « prix et la plus grande somme de sécurité. »

Qu'est-ce à dire? et de quel droit, dans la thèse soutenue par M. Troplong, pourrait-on imposer après coup, à un exécuteur testamentaire, des précautions et des formalités dont le testateur l'aurait dispensé? Une fois entré dans cette voie de l'extension indéfinie des pouvoirs du testateur, il est impossible de déterminer juridiquement la limite à laquelle on devrait s'arrêter.

Que dire aussi de cette thèse de M. Troplong: *on ne voit pas pourquoi le testateur ne pourrait pas étendre indéfiniment le mandat de son exécuteur testamentaire.*

Nous avons déjà donné la raison du *pourquoi* cherchée par M. Troplong: c'est que l'institution de l'exécution testamentaire est une institution *exceptionnelle* qui est de droit étroit et qui par suite doit s'appliquer *stricto sensu.* C'est ce que Laurent exprime encore avec énergie en disant: « Le mandat de l'exécuteur testamentaire « est une création de la loi, tout empêche de l'élargir... la nature « des choses qui ne permet pas aux morts d'exécuter leurs volon- « tés, les droits des héritiers (ou légataires) qui devenus proprié- « taires et possesseurs de l'hérédité, voient leurs droits entravés et « altérés (LAURENT. *Donations et Testaments*, tome XIV, n° 365) « Admettre l'interprétation extensive du Code, dit-il encore, c'est « créer une exécution testamentaire dont il n'y a pas trace dans le « Code, Il faut dire plus, que le Code et les principes réprouvent. »

Cela répond, ce semble, suffisamment à la théorie de M. Troplong, laquelle est en contradiction manifeste avec la création légale de l'exécution testamentaire et la limitation imposée par la loi elle-même au mandat *post mortem* qu'elle a autorisé.

— M. Demolombe exprime une opinion identique à celle de M. Troplong, mais il la motive différemment, ou plutôt il y ajoute une raison que l'on va apprécier.

Voici comment il s'exprime sous les numéros 91 et suivants de son *Traité des donations et testaments*, tome V.

« Rien ne nous paraît s'opposer, dit-il, à ce que le testateur, « lorsqu'il n'a pas d'héritier à réserve, charge son exécuteur testa- « mentaire de convertir en argent tous les biens meubles et immeu-

« bles composant sa succession, pour en faire ensuite la répartition
« entre ses légataires dans la proportion des dispositions qu'il a
« faites au profit de chacun d'eux; il en serait ainsi dans le cas
« même où il aurait institué un légataire universel...

« C'est qu'en effet le testateur est libre de disposer de ses biens
« comme bon lui semble et il n'est pas tenu de les transmettre en
« *nature* à ceux qu'il juge à propos d'en gratifier, si, par des motifs
« dont il est le seul juge et qui peuvent être d'ailleurs prévoyants et
« très légitimes, il veut que sa fortune n'arrive à eux qu'en valeurs
« mobilières, afin, par exemple, de leur épargner peut-être les
« lenteurs et les frais d'une liquidation judiciaire.

« Eh bien donc, le testateur peut déclarer qu'il entend que sa
« succession soit *toute mobilière* et charger son exécuteur testamen-
« taire de la faire parvenir *ainsi* aux héritiers institués et pour
« cela de faire vendre les immeubles dans la forme indiquée au
« testament. »

Voilà la thèse : c'est la mobilisation des immeubles opérée ins
tantanément et par la seule volonté du testateur. Cette thèse a été
adoptée par un arrêt de la Cour de cassation du 17 avril 1855 (Sirey,
1856, t. I, p. 253) dans lequel on lit ce qui suit : (Il s'agissait d'une
succession accepté sous bénéfice d'inventaire).

« Attendu que le testateur peut déclarer qu'il entend que sa
« succession soit toute mobilière, charger son exécuteur testamen-
« taire de la faire parvenir en cette nature seulement aux héritiers
« institués et pour cela faire vendre les immeubles dans la forme
« indiquée au testament;

« Attendu que la succession testamentaire ne peut être acceptée
« que dans l'état mobilier qu'elle a reçue de la volonté du testa-
« teur;

« Qu'une acceptation bénéficiaire ne peut en changer la nature

« ni avoir un effet rétroactif sur la volonté du testateur et l'admi-
« nistration de l'hérédité. »

Nous voilà bien loin, on le conçoit, de la question de savoir si les pouvoirs conférés à l'exécuteur testamentaire par le Code civil peuvent être plus ou moins prolongés ou étendus. Il s'agit là de bien autre chose! Par une fiction nouvelle, tellement nouvelle qu'il n'en existe aucune trace dans aucun Code, une succession purement immobilière sera de plein droit et par une simple disposition testamentaire considérée comme mobilière.

En d'autres termes, malgré l'existence d'immeubles, les légataires ne recueilleront et ne seront appelés à recueillir que des deniers et des choses mobilières.

Nous sommes ici en pleine fiction, et, comme il arrive toujours en pareil cas, les conséquences sont des plus étranges, comme on va le voir.

Avant tout, on conviendra que ce système, ingénieux peut-être, est en contradiction manifeste avec la nature même des choses. Par quelle opération secrète des immeubles peuvent-ils ainsi du jour au lendemain, par le seul fait du testament, et à l'instant du décès, perdre leur nature d'immeubles ?

Qui donc, d'ailleurs, va être propriétaire des immeubles laissés par le défunt?

On ne soutiendra pas un instant que c'est l'exécuteur testamentaire ; on ne dira pas davantage que la propriété continuera à reposer sur la tête du défunt.

De même pour les légataires institués : dans le système de M. Demolombe, ils ne sont pas, et ils ne seront jamais propriétaires d'immeubles, et M. Demolombe qui ne recule devant aucune conséquence, applique sa thèse, même au légataire universel, saisi par un testament authentique. Celui-là, aussi bien que les légataires à titre universel avant la délivrance, se voit primé par le mandat de l'exécuteur testamentaire.

Enfin, en l'absence d'un légataire universel saisi, les héritiers ne sont pas davantage propriétaires, du moins, ils n'ont, ni les uns ni les autres, les attributs de la propriété, *le jus utendi et abutendi* qui la caractérise.

Voici comment M. Demolombe cherche à sortir de cet embarras (n° 97).

« Les immeubles de la succession, dit-on, sont la propriété des
« héritiers ! il est vrai, mais une propriété qui n'est la leur que sous
« la condatition concomitante et inséparable de leur titre même
« d'acquisition qui porte qu'elle sera vendue *en leur nom* par les
« exécuteurs auxquels le testateur en a donné le mandat. Or, ce
« mandat, qui tend à procurer l'accomplissement des dispositions
« que le testateur a faites et qu'il a eu le droit de faire de ses biens,
« n'a rien de contraire à l'ordre public, donc, il doit être main-
« tenu. »

Et plus loin il ajoute :

« Puisque le testateur peut *rendre sa succession mobilière d'immo -*
« *bilière qu'elle était*, il doit pouvoir autoriser aussi son exécuteur
« testamentaire à recevoir le prix, qu'il le charge de repartir entre
« ses légataires auxquels il n'entend attribuer que des sommes
« d'argent », et plus loin (n° 93), il applique la même solution dans
le cas où le légataire universel ou autres seraient incapables,
comme aussi dans le cas où les legs ne seraient acceptés que sous
bénéfice d'inventaire.

Voici comment il s'exprime :

« On objecterait en vain :

« Soit que les lois qui exigent les formalités de justice pour la

« vente des immeubles des mineurs et des interdits, sont des lois
« d'ordre public, auxquelles il n'est pas permis de déroger ; — Soit
« que la faculté d'accepter sous bénéfice d'inventaire ne peut pas
« être enlevée par le *de cujus* à ses successeurs légitimes ou testa-
« mentaires.

« *Cette double objection a suivant nous le tort de mettre l'effet*
« *avant la cause.*

« Les immeubles appartenant aux mineurs ne peuvent pas
« être vendus sans formalités de justice ! — Oui, les immeubles
« appartenant aux mineurs, mais ceux-ci ne leur appartiennent
« pas, ou s'ils leur appartiennent, ce n'est que sous la condition,
« inséparable du testament, qui les leur attribue, qu'ils ne leur
« adviendront qu'après leur conversion en deniers !

« Et quant à la faculté d'accepter sous bénéfice d'inventaire,
« la Cour de cassatisn a répondu de même « que la succession tes-
« tamentaire ne peut être acceptée que dans l'état mobilier, qu'elle
« a reçu de la volonté du testateur, et qu'une acceptation bénéfi-
« ciaire ne peut en changer la nature, ni avoir un effet rétroactif
« sur la volonté du testateur et l'administration de l'hérédité,
« 17 avril 1855, Deschamps, 1856, I, 253.) »

Ainsi voilà bien le système : la succession est mobilière et les
héritiers ou légataires institués ne sont appelés à recueillir que des
valeurs mobilières ou de l'argent.

Que fera-t-on des inscriptions qui auront été prises contre les
héritiers ou légataires ? L'exécuteur testamentaire pourra-t-il donc
appliquer aux créanciers cette fiction ingénieuse qui consistera à leur
dire : Votre inscription ne frappe pas, votre débiteur n'a recueilli
qu'*en apparence* un immeuble ; ce qu'il a recueilli *en réalité* c'est le
prix de cet immeuble que je suis chargé de lui remettre pour sa
quote part après l'avoir vendu. Le défunt ne lui a légué que de

l'argent; or, une somme d'argent ne peut pas être frappée d'hypothèque, donc j'ai transmis en vertu de mon mandat l'immeuble libre aux mains de l'acquéreur, et vous n'avez sur le legs recueilli par votre débiteur d'autre droit que celui d'un créancier chirographaire.

Croit-on que le créancier sera sensible à une argumentation de cette nature, et existerait-il un Tribunal au monde pour l'accueillir ? Telle est pourtant la conséquence logique et inévitable de ces théories inventées pour essayer d'échapper à la règle si claire et si précise du Code civil, qui, en créant l'exécuteur testamentaire, c'est-à-dire un mandat exceptionnel, et exorbitant, en a en même temps limité l'étendue.

Nous venons de parler du créancier d'un légataire ou d'un héritier ; que dirait l'acquéreur? Et comment lui persuader qu'il n'a pas à tenir compte des inscriptions prises contre les légataires ou héritiers *au nom desquels*, pour nous servir de l'expression de Demolombe, l'exécuteur aura vendu ?

Est-il un instant douteux que le conservateur des hypothèques délivrera les inscriptions du chef des légataires et héritiers ? Et, dès lors, comment concilier ces observations éminemment pratiques avec des théories qui ne constituent véritablement que des subtilités ?

Au nom de qui sera prise l'inscription d'office? Sera-ce au nom de l'exécuteur seul? Assurément non. Ce ne sera pas non plus au nom du *de cujus*. Dès lors, que devient toute la théorie ?

Sous l'empire de l'ancienne loi fiscale, alors que les valeurs mobilières payaient un droit moitié moindre que les immeubles aurait-on donc perçu comme en matière mobilière? Personne ne le soutiendra.

Enfin, si l'un des légataires et héritiers était marié sous le régime de la communauté légale, soutiendra-t-on que l'immeuble successoral perdra sa qualité d'immeuble, de telle sorte que le montant du legs, après réalisation par l'exécuteur testamentaire, tombe dans la communauté, au lieu de constituer un propre du mari ou de la femme?

M. Demolombe lui-même est obligé de reconnaître que *c'est au nom* des héritiers ou légataires (n° 92) que l'exécuteur doit vendre : Qu'est-ce à dire? si c'est en leur nom, ils sont donc *vendeurs*, et l'exécuteur n'est plus que leur mandataire, à eux, et non celui du défunt? — Dès lors, encore une fois, que devient la théorie? et comment concevoir que l'exécuteur pourrait, par sa seule volonté, vendre les biens de la succession de gré à gré, *au nom des héritiers*, malgré l'acceptation bénéficiaire, et au risque de faire déchoir les héritiers de leur qualité d'héritiers bénéficiaires?

Telles sont, pourtant, les conséquences bizarres, contradictoires, d'une théorie à laquelle répugne la nature même des choses, conséquences logiques, inévitables et qui à elles seules feraient juger la théorie s'il était nécessaire.

La vérité n'est pas dans ces subtilités d'école; il faut toujours, pour la trouver, en revenir à la définition de l'exécution testamentaire, telle que nous l'avons vue dans Pothier, dans Laurent, dans le Code civil lui-même et enfin dans Zachariæ, qui s'exprime ainsi : (t. 3, p. 261).

« Les dispositions du Code qui déterminent les fonctions ou les
« attributions de l'exécuteur testamentaire, indiquent en même
« temps les limites *que le testateur ne doit pas dépasser* en conférant
« ce mandat. Le testateur ne peut donner à l'exécuteur testamen-
« taire la saisine de la succession immobilière ou le droit de faire
« vendre aux enchères les immeubles de la succession. »

Mais, dit-on encore, si la loi refuse au testateur la faculté d'accorder à l'exécuteur testamentaire la saisine des immeubles, elle a pu l'autoriser à vendre ces mêmes immeubles, car, saisine et droit de vente ne sont pas une seule et même chose ; ce sont deux droits différents. Cela est si vrai, ajoute-t-on, que l'exécuteur testamentaire peut vendre le mobilier sans avoir la saisine, article 1031.

Nous répondrons, d'abord, que le droit pour l'exécuteur testamentaire sans saisine de vendre le mobilier, est loin d'être absolu, puisqu'il peut seulement, d'après le texte précis de l'article 1031, *provoquer* la vente du mobilier, et nous avons vu ci-dessus qu'il doit appeler les héritiers ou légataires et obtenir leur concours ou faire ordonner la vente à leur encontre.

Nous dirons ensuite que le mandat testamentaire équivaut à l'exécution testamentaire, et devra toujours être gouverné par les régles applicables à l'exécution testamentaire, quel que soit le nom donné à l'exécuteur.

Et, s'il s'agit d'une exécution testamentaire, est-il possible de tirer argument, quant aux immeubles, de la disposition relative aux meubles ?

On conviendra bien que la saisine ne peut s'appliquer qu'aux meubles ; le rapport de M. Jaubert, rapproché du texte de l'article 1026, ne laisse aucun doute, surtout avec cette circonstance qu'il avait été proposé de l'étendre aux immeubles, ce qui n'a pas été accepté. Comment conclure de là que le droit de vendre et de disposer, droit beaucoup plus étendu assurément que celui qui résulterait de la saisine pure et simple, que le droit pour l'exécuteur testamentaire de vendre seul sans le concours des héritiers, peut résulter de la volonté seule du testateur, alors que la loi lui a interdit de conférer la saisine ?

Nous allons arriver dans un instant à l'argument tiré du *qui potest plus potest minus* ; ici, c'est l'inverse : de ce que la loi a refusé d'accorder moins, et de son silence, on conclut que l'on peut faire plus !

Nous le répétons avec les auteurs déjà cités :

« Admettre l'interprétation extensive du code, c'est créer une
« exécution testamentaire dont il n'y a pas trace dans le code,
« il faut dire plus, que le code et les principes réprouvent. »

Il nous reste un mot à dire encore de la théorie du *qui potest
plus potest minùs*, et en même temps nous parcourrons rapidement
les monuments de jurisprudence sur la question.

L'objection consiste à dire que le testateur qui pouvait ne pas
léguer, a pu imposer à son legs les conditions qu'il lui convenait,
pourvu que ces conditions ne soient pas contraires aux lois et aux
bonnes mœurs.

Sans doute le testateur pouvait ne pas donner ; mais ce n'est
pas ce qu'il a fait : il a donné ; par suite, s'il lui a plu de nommer en
même temps un exécuteur testamentaire, il n'a pas pu conférer à
ce dernier des pouvoirs que la loi n'a pas autorisés, et qui répu-
gnent à la nature même des choses.

Le raisonnement contraire conduirait a cette conséquence que
le testateur pourrait malgré les termes formels de l'article 1026,
accorder la saisine du mobilier pour un temps plus long que l'an et
jour, ce qui serait assurément moins grave que le mandat de réaliser
des immeubles, mandat qui n'est point autorisé par la loi et qui est
tellement contraire à son esprit, que la saisine elle-même des
immeubles a été repoussée par elle.

C'est en vertu de ces principes que la Cour de Lyon a décidé
le 26 août 1864 (Sirey, 1865, 2, 254).

« Que la disposition par laquelle un testateur investit son
« exécuteur testamentaire du droit d'administrer des immeubles
« dépendant de sa succession de la manière la plus absolue,
« jusqu'au décès d'un tiers, auquel l'usufruit est légué, constitue
« au profit de cet exécuteur testamentaire une véritable saisine

« prohibée par la loi, en ce que, d'une part, elle est indéterminée
« dans sa durée et que de l'autre elle porte sur des immeubles ».

En conséquence, la Cour de Lyon a considéré la disposition
comme non écrite (art. 900) et on lit dans cet arrêt le considérant
remarquable suivant :

« Considérant qu'on comprendrait bien moins encore l'exis-
« tence d'un mandat irrévocable survivant au décès du mandant
« et ayant pour conséquence de paralyser dans les mains de l'usu-
« fruitière, sans utilité et sans avantage pour personne, l'exercice
« du droit d'usufruit tel qu'il est réglé par la loi ».

Si l'on avait appliqué ici la théorie que nous combattons, on
aurait pu dire que le testateur qui pouvait ne pas léguer l'usufruit à
ce tiers auquel il enlevait l'administration, a pu, par cela même lui
imposer les conditions que bon lui a semblé.

On a répondu avec raison que l'exercice du droit d'usufruit est
réglé par la loi :

Que sans doute l'usufruit pouvait n'être pas légué, mais que,
du moment qu'il est légué, les dispositions qui le régissent s'imposent d'elles-mêmes.

De même nous dirons, une fois encore, avec Pothier, que si un
testateur est libre de léguer ou de ne pas léguer, s'il est libre de
nommer ou de ne pas nommer un exécuteur testamentaire, il
n'est pas libre de donner à l'exécuteur testamentaire qu'il nomme
des pouvoirs qui sont en contradiction formelle avec les dispositions exceptionnelles et limitatives qui régissent les fonctions de
l'exécuteur testamentaire.

C'est ainsi qu'un arrêt de la Cour de Riom du 24 juin 1839 a
décidé :

« Que si par déférence pour la volonté des testateurs, la loi a

« permis d'instituer des exécuteurs testamentaires qui, n'étant pas
« héritiers, peuvent être regardés comme mandataires, cette fa-
« culté ne donne lieu qu'à un mandat tout exceptionnel qui par là
« doit être soigneusement renfermé dans les limites qui lui ont été
« imposées.

« . . . .

    « Considérant qu'on ne peut pas dire que les dispositions de
« l'article 1026 sur la saisine des mobiliers ne sont que démonstra-
« tives, et n'excluent pas la faculté d'accorder la saisine des im-
« meubles;

    « Que les expressions dans lesquelles ces dispositions sont con-
« çues et les principes sur la transmission des biens par décès s'op-
« posent à ce qu'une semblable interprétation puisse être adoptée.

    « Qu'en effet, en disant que le testateur peut donner la saisine
« de son mobilier pendant un an et en gardant le silence sur les
« immeubles et la faculté de les vendre, l'article 1026 fait bien évi-
« demment entendre qu'il règle par là l'étendue du pouvoir qui
« peut être accordé à l'exécuteur testamentaire.... »

C'est dans les mêmes termes que décide aujourd'hui après quel-
ques variations la jurisprudence belge; cette solution a été consacrée
par deux arrêts, l'un du 8 août 1864, l'autre du 28 novembre 1872,
où la Cour de Bruxelles confirmant sa jurisprudence a déclaré que
le mandat de vendre les immeubles conféré à l'exécuteur testamentaire était *exorbitant*.

    — Nous croyons avoir établi d'une façon définitive qu'il n'ap-
partient pas aux testateurs d'étendre au gré de leur désir les pouvoirs d'un mandataire *post mortem* que la loi seule a autorisé et
dont elle a pu par conséquent limiter les prérogatives.

Nous croyons avoir établi par voie de conséquence que la loi
ayant interdit la saisine des immeubles a proscrit *a fortiori* toute
disposition testamentaire qui conférerait à l'exécuteur un droit plus

étendu, c'est-à-dire celui de vendre les immeubles seul et à son gré, et d'en toucher le prix.

Nous croyons, enfin, avoir établi d'une part que c'est par une pure subtilité juridique, et en inventant une fiction,que la loi n'a ni prévue ni autorisée, qu'on essaye de soutenir qu'une succession composée d'immeubles est, et peut être, de par la seule volonté du testateur une succession purement mobilière ; et d'autre part, que la règle « qui peut le plus peut le moins » n'est pas susceptible d'application, surtout lorsqu'il s'agit de dispositions exceptionnelles, exorbitantes du droit commun et que la loi n'a autorisées que dans des limites rigoureusement déterminées. Qu'en un mot, il ne peut appartenir au testateur d'étendre les dispositions légales sous le prétexte qu'il aurait pu ne pas léguer le bien, qu'il croit pouvoir affecter de conditions nouvelles non autorisées par la loi.

Si la thèse que nous venons de résumer est accueillie, nous n'aurions pas même à rechercher dans quelle forme la réalisation des immeubles pourrait être autorisée: mais, quels que soient les pouvoirs que l'on croira devoir maintenir à l'exécuteur testamentaire, il paraît certain qu'il ne saurait, moins encore pour les immeubles que pour les meubles, se passer du concours des héritiers ou légataires institués.

Dès lors, de deux choses l'une, ou les parties seront maîtresses de leurs droits, et d'accord entre elles, et dans ce cas il leur est loisible de vendre à l'amiable, de gré à gré, comme elles l'entendent, — ou bien il y aura désaccord, ou bien enfin il existera des incapables parmi les intéressés (mineurs, interdits, femmes dotales, absents, faillis, etc.), et, dans ce cas, les formalités de justice s'imposent.

Mais nous avons à faire à ce sujet une remarque essentielle : l'arrêt cité avec complaisance par M. Troplong, rendu par la Cour de Douai, après partage, le 26 août 1847, offre cette particularité remarquable que, dans l'espèce, le testateur avait imposé à son exécuteur testamentaire l'obligation de faire vendre ses immeubles à sa requête « dans les formes voulues pour l'aliénation des biens « des mineurs ».

Ce qui a pu faire dire à la Cour « que le mode de vente prescrit par la testatrice est de nature à garantir tous les intérêts ; Que les légataires universels sont libres d'intervenir aux ventes à faire, pour en vérifier et débattre les conditions, et que dès l'origine de l'instance, l'exécuteur testamentaire lui-même a demandé à procéder aux dites ventes, eux présents ou dûment appelés ».

En conséquence, la Cour a ordonné la vente en présence des légataires universels. La Cour de cassation, sur le pourvoi, a déclaré : « que le droit conféré à l'exécuteur testamentaire, ne porte aucune « atteinte à la saisine légale que la loi, comme le testateur dans « l'espèce, accorde aux légataires universels, puisque la propriété « des biens qui doivent être vendus repose toujours sur la tête de « ceux-ci, et que c'est seulement *à la requisition* de l'exécuteur « testamentaire qu'il sera procédé à la vente des immeubles ainsi « qu'aurait lieu la vente du mobilier dont le testateur lui aurait « donné la saisine ».

Aussi nous avons vu ci-dessus, que M. Troplong n'hésite pas à dire que l'exécuteur testamentaire doit appeler les légataires universels ou héritiers à la vente ; d'où cette conséquence forcée, que si des incapables doivent y concourir, la vente doit avoir lieu en justice. Enfin, nous avons vu aussi que, suivant M. Demolombe, c'est *au nom* des héritiers ou légataires que l'exécuteur doit vendre.

C'est qu'en effet la propriété d'une chose ne peut être transmise valablement que par celui à qui elle appartient ou par son représentant légal, et l'exécuteur testamentaire en sa seule qualité ne remplit aucune de ces conditions. Donc, il ne peut transmettre seul.

Quelle est la conséquence qui en découle ?

C'est que l'exécuteur testamentaire n'ayant pas la saisine et ne pouvant procéder seul et sans le concours des véritables propriétaires, la situation juridique de ceux-ci influera nécessairement sur le mode de réalisation à employer.

En résumé, et pour le cas où l'on arriverait à décider que l'exécuteur testamentaire peut contrairement à la première partie de l'exposé qui précède recevoir par testament le pouvoir de réaliser les immeubles, il faut conclure que le mandat *post mortem* ne peut être exécuté par lui qu'avec le concours et en présence de tous les héritiers ou légataires institués. C'est ce que la loi décide expressément pour les meubles. *Executor potest apprehendere, non vendere, sine hœrede;* il doit *provoquer* la vente du mobilier dit l'article 1031. De même *a fortiori*, si l'on admet un mandat ou saisine semblable, en un mot une exécution testamentaire pour les immeubles il faut tout au moins décider que les héritiers ou légataires devront concourir à la vente; car ils sont les seuls et véritables vendeurs; seuls ils ont qualité pour transmettre la propriété : c'est à eux seuls que profitera l'inscription d'office et c'est contre eux et sur eux, vendeurs, que sera délivré l'état sur transcription.

Tous les pricinpes sont ainsi conciliés et tous les droits des parties et des tiers sont sauvegardés.

55248   PARIS. — IMPRIMERIE Vᵒ RENOU ET MAULDE, rue de Rivoli, 144.